AF496004

INAUGURATION DU MÉDAILLON

DE

G. BABINET DE RENCOGNE

ARCHIVISTE DE LA CHARENTE
PRÉSIDENT DE LA SOCIÉTÉ ARCHÉOLOGIQUE ET HISTORIQUE
CORRESPONDANT DU MINISTÈRE DE L'INSTRUCTION PUBLIQUE
POUR LES TRAVAUX HISTORIQUES, ETC.

FAITE A L'HOTEL-DE-VILLE D'ANGOULÊME

LE 27 MAI 1883

PAR LA SOCIÉTÉ ARCHÉOLOGIQUE ET HISTORIQUE

ANGOULÊME

IMPRIMERIE G. CHASSEIGNAC ET Cie

REMPART DESAIX, 26

M DCCC LXXXIII

INAUGURATION DU MÉDAILLON

DE

G. BABINET DE RENCOGNE

INAUGURATION DU MÉDAILLON

DE

G. BABINET DE RENCOGNE

ARCHIVISTE DE LA CHARENTE
PRÉSIDENT DE LA SOCIÉTÉ ARCHÉOLOGIQUE ET HISTORIQUE
CORRESPONDANT DU MINISTÈRE DE L'INSTRUCTION PUBLIQUE
POUR LES TRAVAUX HISTORIQUES, ETC.

FAITE A L'HOTEL-DE-VILLE D'ANGOULÊME

LE 27 MAI 1883

PAR LA SOCIÉTÉ ARCHÉOLOGIQUE ET HISTORIQUE

ANGOULÊME

IMPRIMERIE G. CHASSEIGNAC ET CIE

REMPART DESAIX, 26

M DCCC LXXXIII

J. PH. L^IS. A^NE. P^RE. G^VE. BABINET. DE. RENCOGNE.
+ 1831 – 1877.
PRÉSIDENT DE LA SOCIÉTÉ
ARCHÉOLOGIQUE ET HISTORIQUE
DE LA CHARENTE
1868 – 1877

Le dimanche 27 mai 1883, a eu lieu, dans la salle des Sociétés savantes, l'inauguration du buste de M. de Rencogne. Un grand nombre de membres de la Société archéologique et historique, auxquels s'étaient joints des invités désireux de rendre hommage à la mémoire de celui qui avait été si longtemps notre président, assistaient à cette cérémonie.

A deux heures, M. de Fleury, président, ouvre la séance et donne la parole à M. Puymoyen, secrétaire adjoint. Celui-ci fait connaître les excuses de M. Abel Sazerac de Forge qui, au dernier moment, se trouve empêché d'assister à la réunion. Puis, il est donné lecture de différentes lettres par lesquelles MM. de Touchimbert, de Laurière, l'abbé Maratu et de Thiac manifestent leurs regrets de ne pouvoir être présents à cette solennité.

M. le Secrétaire adjoint lit ensuite le rapport rédigé par M. Abel Sazerac de Forge, secrétaire de la Société.

M. de Fleury, président, termine cette première partie de la séance en prononçant l'éloge de M. de Rencogne.

Conformément au programme arrêté à l'avance, la seconde partie est consacrée aux lectures suivantes, la réunion qui devait avoir lieu le deuxième mercredi du mois ayant été renvoyée à aujourd'hui :

1° Par M. Lièvre : *Restes et souvenirs du culte des divinités topiques dans la Charente ;*

2° Par M. Émile Biais : *Les artistes angoumoisins de la Renaissance au XVIIIe siècle ;*

3° Par M. de Fleury : *Le dernier siège du château de Lavalette.*

Nous reproduisons ci-après les documents qui ont rapport à M. de Rencogne, en les faisant suivre de la nomenclature des ouvrages dus au travail de notre regretté président.

Le Secrétaire adjoint,

ÉMILE PUYMOYEN.

RAPPORT

DE

M. Abel SAZERAC DE FORGE

SECRÉTAIRE.

Messieurs,

Le hasard amène souvent dans la vie de tristes rapprochements; la dernière fois que notre Société a paru en public, c'était au mois de mai 1877, à quelques pas d'ici, dans le square de l'Hôtel-de-Ville, et dans une solennité du même genre que celle qui nous réunit aujourd'hui; M. de Rencogne prononçait son dernier discours en inaugurant la statue de Marguerite de Valois.

Le mois suivant, il allait demander au climat des Pyrénées le rétablissement d'une santé ébranlée par les fatigues que lui avait données l'organisation de cette exposition des beaux-arts dont vous avez gardé le souvenir, et il était à peine de retour, confiant dans le résultat de sa cure, lorsque, le 11 août, nous apprîmes du même coup sa maladie et sa mort après quelques heures de souffrances!

Le lendemain, sur sa tombe, l'honorable M. Castaigne, alors vice-président, se faisait l'interprète de notre douleur, et, à votre séance de rentrée, il retraçait, dans un langage ému, la vie et les nombreux travaux de M. de Rencogne.

Dans la même séance, un membre de la Société, M. le président Bénard, exprima la pensée qu'un souvenir, placé dans le musée qu'il avait contribué à fonder, perpétuât la mémoire de celui qui, pendant neuf ans, avait présidé à nos délibérations et enrichi nos annales du résultat de ses précieuses recherches ; cette proposition fut adoptée par acclamation, et la commission nommée à cet effet décida qu'il serait fait un médaillon en bronze et qu'une souscription serait ouverte parmi les membres de la Société.

Malheureusement l'exécution de ce projet a rencontré de grandes difficultés; il n'y avait alors dans notre région aucun sculpteur ayant connu M. de Rencogne, et la commission dut s'adresser à un sculpteur de Paris, M. Tournier, qui ne l'avait jamais vu et n'avait à sa disposition qu'une reproduction des traits faite à une époque très antérieure au décès; de là des lenteurs inévitables qui ont entravé pendant longtemps la réalisation de l'œuvre et ne nous ont pas permis de vous convoquer plus tôt.

Enfin aujourd'hui le médaillon est achevé, et jusqu'à ce que nous ayons une salle spécialement affectée à nos séances, il sera placé dans le musée archéologique, avec une plaque indiquant que ce musée a été ouvert sous sa présidence et sous la mairie de M. Broquisse, qui a gracieusement accordé le local demandé depuis si longtemps.

Ma tâche serait ici terminée, car je n'avais à vous faire que l'exposé des faits qui ont amené la séance de ce jour; mais, puisque j'ai l'honneur de porter la parole dans cette enceinte, je tiens à payer moi aussi ma dette de reconnaissance à Mme de Rencogne. Grâce à elle, nos Bulletins contiennent encore des travaux de son mari, car elle a mis à notre disposition tous les documents qu'il avait préparés et qui n'avaient pas encore vu le jour. Si sa place et celle de son fils restent inoccupées aujourd'hui, parce qu'elle n'a pas voulu que son départ forcé vînt encore retarder cette solennité, qu'elle sache du moins que tous ceux qui s'intéressent à l'avenir de notre Société conserveront toujours le souvenir de ses libéralités et des services qu'elle lui rend à chaque instant.

DISCOURS

DE

M. DE FLEURY

PRÉSIDENT

Messieurs,

Appelé par vos bienveillants suffrages à présider cette solennité et à prêter ma parole à l'hommage public que la Société archéologique et historique de la Charente vient rendre aujourd'hui à l'un de ses membres les plus justement appréciés et les plus illustres, je croirais manquer au mandat implicite que je tiens de vous, si je m'attachais surtout à exprimer ici de stériles regrets et de vaines louanges. Une vie aussi remplie que celle dont j'ai à vous retracer le tableau n'a pas seulement droit à nos éloges, elle commande notre imitation. Et voilà pourquoi, si vivant que soit resté en nous le souvenir de la perte irréparable que nous avons éprouvée il y a près de six ans, je ne crois pas trahir les devoirs que la reconnaissance et l'amitié nous imposent, en empruntant à l'historien Tacite ces paroles qu'il place dans la bouche de Germanicus mourant, et en venant vous dire : Le premier devoir des amis d'un défunt n'est pas de donner à sa mémoire des pleurs inutiles, mais de se souvenir de ce qu'il a voulu, d'exécuter ce qu'il a ordonné; *Non hoc præcipuum amicorum munus est, prosequi defunctum ignavo quæstu, sed quæ voluerit meminisse, quæ mandaverit exsequi* (1).

M'inspirant de cette pensée, je serai sobre de détails sur une vie toute de travail et de science, dont vous avez, presque tous, été les témoins, et qui, retracée par la plume aussi délicate que bien informée de l'un de vous, occupe déjà une place d'honneur dans les annales de notre Compagnie.

Pierre-Gustave Babinet de Rencogne, fils de Pierre-Auguste Babinet de Rencogne et de Joséphine de Jean de Jovelle, naquit au château de Montégon, l'ancienne demeure des de Pindray, le 13 décembre 1831. Issu d'une ancienne famille de robe alliée à une ancienne famille d'épée, l'une et l'autre également favorisées des dons de la fortune, il fut entouré, en venant au monde, de tous les avantages qui eussent pu lui procurer plus tard toutes les jouissances et cette vie de joyeux oubli, *jucunda oblivia vita,* que le vieil Horace vantait comme la suprême félicité d'ici-bas; et lorsque, quelques années après, son père le fit entrer comme élève interne au collège royal d'Angoulême, ce fut uniquement dans le but de lui procurer une instruction à la hauteur de la vie de propriétaire à laquelle il le destinait. Mais le jeune élève montra dès le début des aptitudes particulières, prélude des brillantes études qu'il fit plus tard, et quand vinrent les années des humanités, pris d'une véritable passion pour les lettres anciennes et l'histoire, et redoutant le retour à la vie inoccupée des champs, il forma le projet de s'assurer une existence en rapport avec ses goûts, en se préparant à l'École

(1) Tacit., *Annales*, II, 51.

normale supérieure. Cependant la volonté de son père, nettement exprimée, mit fin à ses rêves de jeune homme, et en 1848, ses études classiques terminées, il quitta le collège pour revenir à Montégon.

Ici, Messieurs, se placent, dans la vie de M. de Rencogne, dix années d'incertitudes et d'hésitations, pendant lesquelles il chercha sa voie, qu'une heureuse rencontre lui fit enfin découvrir. Les relations que sa famille avait conservées à Angoulême, et celles qu'il avait su lui-même s'y créer, lui étaient de fréquents motifs pour fuir Montégon et venir à la ville, où les aimables qualités de son esprit et ses talents d'artiste le faisaient rechercher et aimer de tous. Il se prit donc à y faire des séjours de plus en plus prolongés, jusqu'au moment où il vint s'y fixer définitivement. Ce fut alors que, ne se contentant pas des succès de salon qu'il avait obtenus, il songea à se produire dans la littérature, où il débuta par quelques articles de critique. Mais les désagréments qu'il en recueillit de la part des auteurs, gens qui, d'ordinaire, nous le savons un peu par notre propre expérience, aiment beaucoup qu'on les loue, médiocrement qu'on les conseille, et pas du tout qu'on les blâme, le firent renoncer à cette voie dans laquelle

« L'ardeur de se montrer et non pas de médire, »

l'avait fait imprudemment s'engager. Il revint donc à l'étude du passé, où il se fit connaître d'abord par la publication d'un travail à la fois humoristique et historique, sous ce titre : *Du bien et du mal qu'on dit des Angoumoisins*.

Les recherches auxquelles il dut alors se livrer, en l'attirant souvent à la bibliothèque de la ville, le mirent en rapport avec Eusèbe Castaigne, le savant conservateur de cet établissement, qui le fit bénéficier de sa vieille expérience et de ses conseils, et lui ouvrit les portes de la Société archéologique de la Charente.

Ceci, Messieurs, se passait en 1855, et M. de Rencogne avait alors vingt-quatre ans, âge fatal qui lui fermait l'accès de l'École des chartes qu'il avait trop tard connue et dont il eût infailliblement fait l'honneur. Réduit à ses propres forces, il s'entoura des auteurs les plus accrédités sur la science paléographique et diplomatique, et pour se familiariser plus rapidement avec les documents originaux, il demanda et obtint qu'on l'attachât, en qualité d'adjoint, aux Archives départementales. Ce fut une bonne fortune pour l'archiviste titulaire, M. de Jussieu, qui, comprenant les services que pouvait lui rendre son jeune collaborateur, le fit charger spécialement de dépouiller et de classer le fonds de l'ancien siège présidial d'Angoumois, alors conservé au palais de justice, aujourd'hui déposé aux archives départementales, et dans lequel, sous les dénominations diverses d'*audiences*, de *sentences*, d'*enquêtes*, de *procès-verbaux*, d'*appositions de scellés*, de *comptes*, de *liquidations*, d'*audiences catégoriques*, de *baux judiciaires*, d'*informations criminelles*, sont renfermés en général les dossiers des affaires dont connaissent actuellement nos justices de paix et nos tribunaux de première instance jugeant au civil et au correctionnel.

Ce travail ne dura pas moins de deux ans pendant lesquels M. de Rencogne tint scrupuleusement ses collègues au courant de ses découvertes; et lorsqu'il l'eut achevé, ce fut encore à la Société archéologique qu'il vint en rendre compte dans un rapport sommaire qui fut inséré plus tard dans le *Bulletin*.

L'importance du classement des anciennes archives du présidial n'échappa point à l'administration supérieure. Aussi, lorsqu'en 1860, M. Maupré, qui depuis un an à peine avait succédé à M. de Jussieu, fut appelé à une autre destination, M. de Rencogne n'eut-il pas de peine à obtenir qu'on lui confiât la direction des archives de la Charente, qu'il connaissait si bien.

Devenu maître absolu dans ce dépôt, il y entreprit des travaux dont je n'ai pas à vous entretenir ici, mais qui tournèrent au profit de l'histoire locale et lui fournirent l'occasion de faire à la Société archéologique de plus nombreuses communications. Marchant sur les traces d'un devancier célèbre, M. l'abbé Michon, il ne se borna plus à rechercher dans les archives locales les monuments originaux de l'histoire du pays. Les grands dépôts de Paris furent par lui mis à contribution, et la Bibliothèque impériale lui fournit un texte inédit de première importance, les *Mémoires de Jean Gervais,* lieutenant criminel d'Angoumois, qui fit l'objet d'une publication spéciale, sous les auspices de la Société.

L'année 1863 resserra encore les liens qui rattachaient M. de Rencogne à la Société archéologique. Aux élections de janvier il dut accepter les importantes fonctions de secrétaire que la volonté de ses collègues lui imposa et qu'elle lui conserva jusqu'en 1868, époque à laquelle il fut appelé à la présidence. Pendant cette période, qui ne dura pas moins de quatorze ans, son activité redoubla. En même temps qu'il remplissait les *Bulletins* de la Société de travaux et de documents de plus en plus nombreux, il préparait la création d'un musée archéologique par l'accumulation de monuments qui en rendaient la nécessité évidente. C'est à cette époque que se rapportent l'acquisition du tombeau de Pierre de Chambes, chevalier du XIIIe siècle, et celle d'un monument d'une bien autre importance, la mosaïque de Fouqueure, que nous envient les étrangers.

En 1876, M. de Rencogne reprit avec l'administration municipale des négociations plusieurs fois entamées et plusieurs fois abandonnées, dans le but d'obtenir un local où serait établi le musée archéologique. Une commission spéciale, instituée par la Société pour assister son président, se rendit auprès de M. Broquisse, alors maire d'Angoulême, duquel elle obtint sans peine l'appropriation du local demandé, si bien qu'au mois de mars suivant, l'intallation du musée dans le nouvel Hôtel-de-Ville était un fait accompli.

Cependant la maladie était venue toucher cette constitution en apparence si robuste, et ceux qui approchaient habituellement M. de Rencogne purent l'entendre, pour la première fois, prononcer les mots de retraite et de repos. Il était dans ces dispositions d'esprit, lorsqu'en 1877, l'administration municipale d'Angoulême recourut à lui pour l'organisation d'une exposition rétrospective de beaux-arts. Cet appel lui rendit pour un instant toute son énergie, et il devint l'âme et l'esprit directeur de l'entreprise, qui, vous le savez, eut un plein succès. Mais au lendemain, ses forces le trahirent, et lorsqu'il annonça à ses amis attristés qu'il allait demander la santé aux eaux des Pyrénées, ce fut avec l'angoisse dans le cœur qu'ils lui serrèrent la main et lui dirent : au revoir.

Les faits ne tardèrent pas à justifier ces appréhensions, et quelques semaines plus tard, M. de Rencogne, ramené en toute hâte à Angoulême, était enlevé à sa famille, à la science et à l'Angoumois.

Vous me permettrez, Messieurs, de ne pas fixer plus longtemps votre attention sur ces douloureux souvenirs, et de terminer par une réflexion pratique.

Les travaux de M. de Rencogne ont fait faire des progrès immenses à l'archéologie et à l'histoire, dans notre pays. Mais si vous parcourez nos *Bulletins*, qui sont le *Livre de raison* de notre Compagnie, vous ne tarderez pas à reconnaître qu'il n'a pas épuisé toutes les questions qu'il a touchées, et que les travaux qu'il a ébauchés ou simplement indiqués l'emportent de beaucoup en nombre sur ceux qu'il a pu conduire à terme. En reprenant après lui l'œuvre qu'il a commencée et au milieu de laquelle la mort l'a surpris, nous ne réaliserons pas seulement un de ses vœux les plus ardents, nous rendrons encore à sa mémoire l'hommage le plus manifeste et le moins équivoque, en même temps que le plus effectif et le plus utile, celui de l'imitation appliquée à la recherche persévérante de la vérité, à l'honneur du pays et au développement de la science.

LISTE

PAR ORDRE CHRONOLOGIQUE

DES OUVRAGES PUBLIÉS PAR

GUSTAVE BABINET DE RENCOGNE

PRÉSIDENT DE LA SOCIÉTÉ ARCHÉOLOGIQUE ET HISTORIQUE DE LA CHARENTE

1° *Simple causerie sur deux notices angoumoisines : Histoire de la chapelle de N.-D. des Bezines, sous les murs d'Angoulême, par M. A. de Jussieu, archiviste de la Charente; Notice sur la fontaine de N.-D. des Bezines, par Mme A. de Jussieu* (Angoulême, imprimerie charentaise de Frugier aîné, in-8°).

Extrait du journal *La Charente napoléonienne*, numéros des 30 août et 9 septembre 1857.

2° *Observations critiques sur la brochure de M. Sénemaud aîné, intitulée : De la Noblesse actuelle en France* (Angoulême, imprimerie charentaise de Frugier aîné, 1857, in-8°).

Extrait du journal *La Charente napoléonienne*, numéro du 13 décembre 1857.

3° *Sivori à Angoulême; Causerie musicale* (Angoulême, imprimerie de Frugier aîné, 1857, in-8°).

Extrait du journal *La Charente napoléonienne*, numéros des 14 et 17 février 1858. — Le même journal contient plusieurs articles de M. de Rencogne : avril, mai, juin, juillet 1858.

4° *Ordonnance de Pilippe III, accordant aux habitants d'Angoulême le droit de faire construire un port sur la Charente* (*juillet* 1280).

Bulletin de la Société archéologique et historique de la Charente, 1859.

5° *Lettre de M. de Montpensier père à la reine-mère* (*décembre* 1575).

Bulletin de la Société archéologique et historique de la Charente, 1859.

6° *Requête au Roy de la Noblesse d'Angoumois, Xaintonge et Aunis, lui demandant modération pour le pauvre peuple des taxes mises sur ces provinces ruinées par la guerre* (1590).

Bulletin de la Société archéologique et historique de la Charente, 1859.

7° *Rapport sommaire sur l'ensemble des archives du greffe de la Sénéchaussée et siège présidial de l'Angoumois* (Angoulême, imprimerie de A. Nadaud et Cie, 1860, in-8°).

Extrait du *Bulletin* de la Société archéologique et historique de la Charente, année 1860.

8° *Lettres de Guy Chabot* (1561) *et de Charles de Bony, évêque d'Angoulême* (1575), *à la reine-mère.*

Bulletin de la Société archéologique et historique de la Charente, 1860.

9° *Notice et dissertation sur un fragment du cartulaire de l'abbaye de L'Esterps* (Paris, Aubry, 1862, in-8°).

Extrait du *Bulletin* de la Société archéologique et historique de la Charente, 1862.

10° *Relation du pillage de l'abbaye de La Couronne par les protestants en* 1562 *et* 1568, *suivie des inventaires des reliques et objets précieux de cette abbaye, dressés en* 1555 *et* 1556 (extraits inédits de la *Chronique française de l'abbaye de La Couronne* par Antoine Boutroys, chanoine régulier de cette abbaye) (Paris, Aubry, 1862, in-8°).

Extrait du *Bulletin* de la Société archéologique et historique de la Charente, 1862.

11° *Charte d'Almodis, comtesse de La Marche, en faveur de l'abbaye de L'Esterps* (12 *novembre* 1098).

Bulletin de la Société archéologique et historique de la Charente, 1862.

12° *Rôles du ban et arrière-ban des provinces d'Angoumois et Saintonge en* 1467, 1489 *et* 1758.

Bulletin de la Société archéologique et historique de la Charente, 1863.

13° *Procès-verbal de l'exécution d'un cadavre en Angoumois au XV*e *siècle* (Paris, Aubry, 1863, in-12).

Extrait du *Trésor des pièces angoumoisines inédites ou rares*, tome Ier.

14° *Mémoire sur l'Angoumois par Jean Gervais, lieutenant criminel au Présidial d'Angoulême, publié pour la première fois d'après le manuscrit de la Bibliothèque impériale* (Paris, Aubry, 1864, in-8°).

Extrait des *Documents historiques sur l'Angoumois*, tome Ier, 2e partie.

15° *Rôle des vingtièmes imposés sur les nobles et privilégiés de l'Élection d'Angoulême en* 1780.

Bulletin de la Société archéologique et historique de la Charente, 1865.

16° *Procès-verbaux constatant le brûlement officiel des titres féodaux à Angoulême, Cognac et Confolens.*

Bulletin de la Société archéologique et historique de la Charente, 1865.

17° *Inauguration d'une foire en Angoumois sous Henri IV* (6 *mai* 1598) (Angoulême, imprimerie de A. Nadaud et Cie, 1866).

Extrait du *Bulletin* de la Société archéologique et historique de la Charente, 1865.

Cet opuscule avait déjà été publié dans *Le Cultivateur charentais*, numéro du 15 février 1865, et dans *La Semaine religieuse* du diocèse d'Angoulême, numéro du 26 février de la même année.

18° *Testament de Gabriel de La Charlonye, juge-prévôt honoraire de la ville et châtellenie d'Angoulême* (11 *septembre* 1646) (Angoulême, F. Goumard, 1866, in-12).

Extrait du *Trésor des pièces angoumoisines inédites ou rares*, tome II.

19° *Documents relatifs au prieuré de Saint-Martin de Niort* (Niort, E. Clouzot, 1866, in-8°).

Extrait des *Mémoires* de la Société de statistique, sciences et arts du département des Deux-Sèvres, 1865.

20° *Courte notice sur les archives départementales de la Charente* (Angoulême, F. Goumard, 1866, in-8°).

Extrait du *Bulletin* de la Société archéologique et historique de la Charente 1866.

Cette notice avait déjà été publiée dans l'*Annuaire de l'archiviste*, année 1866 (Paris, Paul Dupont, in-8°).

21° *Documents pour servir à l'histoire des guerres civiles en Angoumois au XVIe siècle.*

Bulletin de la Société archéologique et historique de la Charente, 1866.

22° *Rôle des fiefs et arrière-fiefs du siège royal de Cognac en* 1703.

Bulletin de la Société archéologique et historique de la Charente, 1866.

23° *Description et prix d'un antiphonaire noté à l'usage du diocèse de Saintes* (sans nom d'imprimeur et d'éditeur, mais imprimé à Angoulême, chez A. Nadaud et Cie, en 1866, in-8°).

Extrait du *Bulletin* de la Société archéologique et historique de la Charente, 1866.

24° *Fons Barbesiliensis, idylle inédite d'un poète anonyme de Barbezieux* (Angoulême, Goumard, 1867, in-8°).

Extrait du *Bulletin* de la Société archéologique et historique de la Charente, 1866.

25° *Une Mézée du corps-de-ville d'Angoulême au XVIe siècle* (1572), (grandeur de l'original), *publiée pour la première fois d'après le manuscrit des archives de l'Hôtel-de-Ville, pour servir à son étude historique sur la commune d'Angoulême* (Angoulême, chez F. Goumard, 1868).

26° *Du commencement de l'année en Angoumois au moyen âge et dans les temps modernes* (Paris, Imprimerie impériale, 1868, in-8°).
Extrait des *Mémoires lus à la Sorbonne dans les séances extraordinaires du Comité des travaux historiques et des Sociétés savantes tenues les 23, 24, 25 et 26 avril* 1867 (Paris, Imprimerie impériale, 1868, in-8°).
Cet opuscule a été imprimé dans le *Bulletin* de la Société archéologique et historique de la Charente, 1867, avec plusieurs pièces justificatives, et tiré à part (Angoulême, Goumard, 1867, in-8°).

27° *Les Confirmations de noblesse de l'Échevinage d'Angoulême sous les règnes de Louis XIV et de Louis XV* (Paris, Dumoulin, 1868, in-8°).
Extrait de la *Revue nobiliaire*, année 1867.
Cet opuscule a été imprimé dans le *Bulletin* de la Société archéologique et historique de la Charente, 1867.

28° *Note sur une charte d'anoblissement accordée par un grand feudataire en* 1290 (Niort, Clouzot, 1868, in-8°).
Extrait de la *Revue de l'Aunis, de la Saintonge et du Poitou*.
Cet opuscule a été imprimé également dans le *Bulletin* de la Société archéologique et historique de la Charente, 1867.

29° *Deux lettres inédites du duc d'Uzès, gouverneur de Saintonge et d'Angoumois.*
Revue de l'Aunis, de la Saintonge et du Poitou, livraison du 25 août 1868.

30° *Les Origines de la maison de Nesmond; rectification au Dictionnaire de la Noblesse de La Chesnaye-des-Bois* (Angoulême, F. Goumard, in-8°).
Extrait du *Bulletin* de la Société archéologique et historique de la Charente, 1868-1869.

31° *Note sur la seigneurie de Maillou.*
Bulletin de la Société archéologique et historique de la Charente, 1868-1869.

32° *Deux singuliers hommages* (24 *février* 1362, 4 *novembre* 1390).
Bulletin de la Société archéologique et historique de la Charente, 1868-1869.

33° *Testament de Michel Ravaillac, procureur au Présidial d'Angoulême* (1586).
Bulletin de la Société archéologique et historique de la Charente, 1868-1869.

34° *Deux curieux monitoires* (1540 *et* 1632).
Bulletin de la Société archéologique et historique de la Charente, 1868-1869.

35° *Acte de fondation du couvent des RR. PP. Récollets de Confolens* (1616-1626).
Bulletin de la Société archéologique et historique de la Charente, 1868-1869.

36° *Mémoire sur la fondation de l'église et du chapitre collégial de N.-D. de La Rochefoucauld* (*janvier* 1662).
Bulletin de la Société archéologique et historique de la Charente, 1868-1869.

37° *Nouvelle Chronologie historique des maires de la ville d'Angoulême* (1215-1501), *publiée avec de nombreuses pièces justificatives et deux suppléments* (Angoulême, F. Goumard, 1870, in-8°).
Extrait du *Bulletin* de la Société archéologique et historique de la Charente, 1868-1869.

38° *Éloge de E. Gellibert des Seguins, député au Corps législatif, président des Sociétés archéologique et d'agriculture de la Charente, chevalier de la Légion d'honneur, etc...;* discours prononcé lors de l'inauguration du portrait de M. Gellibert des Seguins, le 15 décembre 1869 (Angoulême, 1870, in-8°, avec un portrait lithographié).
Cette notice a été imprimée dans le *Bulletin* de la Société archéologique et historique de la Charente, 1870, et publiée dans *Le Charentais* du 18 décembre 1869, etc.

39° *Fondation de l'aumônerie de Saint-Michel, faite en la paroisse Saint-André par Pierre de Meung, chanoine d'Angoulême* (1371).
Bulletin de la Société archéologique et historique de la Charente, 1870.

40° *Lettres-patentes du roi Henri III, portant création d'un siège d'Élection à Cognac* (*août* 1576).
Bulletin de la Société archéologique et historique de la Charente, 1870.

41° *Lettres-patentes du roi Henri III pour la réparation des pont et port de la Charente à Angoulême* (28 *août* 1575).
Bulletin de la Société archéologique et historique de la Charente, 1870.

42° *Permission de faire graver en taille-douce un tableau de la naissance du Dauphin, accordée par le roi Louis XIV à frère Jacques de Rippes, religieux-clerc de l'abbaye de Saint-Cybard, sous les murs d'Angoulême* (23 *janvier* 1614).
Bulletin de la Société archéologique et historique de la Charente, 1870.

43° *Enquête et ordonnance concernant les archives de l'Hôtel-de-Ville et du Présidial d'Angoulême* (1617).
Bulletin de la Société archéologique et historique de la Charente, 1870.

44° *Une Sentence de l'Officialité d'Angoulême* (1607).
Bulletin de la Société archéologique et historique de la Charente, 1870.

45° *Lettres-patentes du roi Louis XV, ordonnant la suspension des privilèges de noblesse rétablis en faveur de la maison-de-ville de Cognac par lettres du mois de février* 1719 (6 *septembre* 1667).
Bulletin de la Société archéologique et historique de la Charente, 1870.

46° *Lettres-patentes du roi Louis XV, ordonnant la vente des anciens baliveaux défectueux dans les bois de la Grande-Garenne, près Angoulême* (1735).
Bulletin de la Société archéologique et historique de la Charente, 1870.

47° *Déclaration des revenus du chapitre de la cathédrale d'Angoulême* (1752).
Bulletin de la Société archéologique et historique de la Charente, 1870.

48° *Notice sur Jean-François-Léopold Galzain, ancien préfet de la Charente.*
Bulletin de la Société archéologique et historique de la Charente, 1870.

49° *Documents pour servir à l'histoire des guerres civiles en Angoumois au XVIe siècle.*
Bulletin de la Société archéologique et historique de la Charente, 1870. (Voir le *Bulletin* de 1866.)

50° *Le Testament de Balzac, publié pour la première fois avec un fac-simile* (Angoulême, Goumard, 1871, in-8°).
Extrait du *Bulletin* de la Société archéologique et historique de la Charente, 1870.
Ce document avait déjà paru dans le journal *Le Charentais* du 12 février 1870, et avait été reproduit dans le journal *L'Union* du 16 février même année.

51° *Documents paléographiques et bibliographiques, extraits des archives d'Angoulême et publiés pour la première fois* (Angoulême, F. Goumard, 1871, in-8°, avec deux fac-simile et quatre planches lithographiées).
Extrait du *Bulletin* de la Société archéologique et historique de la Charente, 1870.

52° *Notice sur le fief des Bouchauds, en la commune de Saint-Cybardeaux (Charente), dans les limites duquel est situé le théâtre romain* (Angoulême, F. Goumard, 1871, in-8°).
Extrait du *Bulletin* de la Société archéologique et historique de la Charente, 1870.

53° *Éloge de J.-F.-Eusèbe Castaigne, bibliothécaire de la ville d'Angoulême, fondateur et vice-président honoraire de la Société archéologique et historique de la Charente,* prononcé dans la salle de la bibliothèque, à l'inauguration du buste en marbre du défunt, le 15 juin 1870 (Angoulême, imprimerie charentaise de A. Nadaud et Cie, 1871, in-8°, avec un portrait lithographié).
Extrait du *Bulletin* de la Société archéologique et historique de la Charente, 1870.
Ce discours a d'abord paru dans le journal *Le Charentais,* numéro du 18 juin 1870.

54° *Du nom véritable de l'oratoire consacré à Notre-Dame, sous les murs d'Angoulême* (Angoulême, imprimerie de J.-B. Baillarger, 1874, in-8°).

Extrait de *La Semaine religieuse,* numéro du 16 août 1874.

55° *Éloge de Léon Baleyre, sculpteur,* prononcé dans la séance de la Société archéologique et historique de la Charente du 14 mai 1873 (Angoulême, imprimerie de A. Nadaud et Cie, 1874, in-8°).

Extrait du *Bulletin* de la Société archéologique et historique de la Charente, 1873–1874).

56° *Documents relatifs au prieuré de N.-D. de Fontblanche* (1220-1665) (Niort, E. Clouzot, 1874, in-8°).

Extrait des *Mémoires* de la Société de statistique, sciences, lettres et arts du département des Deux-Sèvres, 1872.

57° *Testament de Guillaume de Blanzac, chevalier.*

Recueil de la Société des Archives historiques de la Saintonge et de l'Aunis, tome Ier, 1874.

58° *Allocution prononcée dans la séance de rentrée de la Société archéologique et historique de la Charente, le 10 novembre 1875, à l'occasion de la mort de Mgr Cousseau, ancien évêque d'Angoulême* (Angoulême, imprimerie de A. Nadaud et Cie, 1875, in-8°).

Extrait du *Bulletin* de la Société archéologique et historique de la Charente, 1875.

59° *Note sur un registre de l'état civil de la paroisse de Houlette.*

Bulletin de la Société archéologique et historique de la Charente, 1875.

60° *Oraison de François de Nesmond, Angoumoisin* (nouvelle édition, publiée sur l'imprimé communiqué par Mgr Barbier de Montault).

Bulletin de la Société archéologique et historique de la Charente, 1875.

61° *Documents historiques inédits sur l'Angoumois* (Angoulême, imprimerie de G. Chasseignac et Cie, 1877, in-8°).

Extrait du *Bulletin* de la Société archéologique et historique de la Charente, 1876.

62° *Recueil de documents pour servir à l'histoire du commerce et de l'industrie en Angoumois. — Première partie. — Foires d'Angoumois.*
Bulletin de la Société archéologique et historique de la Charente, 1876.

63° *Note sur deux mosaïques découvertes dans une villa romaine au bourg de Fouqueure, canton d'Aigre (Charente).*
Rapport lu à la Sorbonne, à la réunion des Sociétés savantes de France, le 20 avril 1876 (section d'archéologie).
Ce rapport n'a pas été tiré à part, mais il a été reproduit par presque tous les journaux de la Charente et par ceux de la Charente-Inférieure.

OUVRAGES PUBLIÉS APRÈS SA MORT.

64° *Recueil de documents pour servir à l'histoire du commerce et de l'industrie en Angoumois. — Deuxième partie. — Police des villes* (Angoulême, imprimerie de G. Chasseignac et Cie, 1878, in-8°).
Extrait du *Bulletin* de la Société archéologique et historique de la Charente, 1877.

65° *Recueil de documents pour servir à l'histoire du commerce et de l'industrie en Angoumois. — Troisième partie. — Recherches sur l'origine des moulins à papier de l'Angoumois et particulièrement de la paroisse de La Couronne* (Angoulême, imprimerie de G. Chasseignac et Cie, 1879, in-8°).
Extrait du *Bulletin* de la Société archéologique et historique de la Charente, 1878-1879.

66° *Discours prononcé à l'inauguration de la statue de Marguerite d'Angoulême dans le square de l'Hôtel-de-Ville* (Angoulême, F. Goumard, 1879, in-8°).
Extrait du *Bulletin* de la Société archéologique et historique de la Charente, 1878-1879.

67° *Chartes saintongeaises de l'abbaye de La Couronne, recueillies par M. Babinet de Rencogne et publiées (avec une introduction et des notes) par M. P. de Fleury.*
Recueil des Archives historiques de la Saintonge et de l'Aunis, tome VII, 1880.

68° *Inventaire-sommaire des archives départementales antérieures à 1790, rédigé par MM. G. Babinet de Rencogne et P. de Fleury, archivistes. — Charente. — Archives civiles, séries C, D, E* (1 à 966) (Angoulême, imprimerie de G. Chasseignac et Cie, 1880, in-4°).

69° *Le Marquisat d'Aubeterre, notes lues à la Société archéologique et historique de la Charente, le* 10 *mars* 1869 (Angoulême, F. Goumard, 1881, in-8°).
Extrait du *Bulletin* de la Société archéologique et historique de la Charente, 1880.

70° *Notes et chartes extraites des archives du château du Repaire* (Angoulême, F. Goumard, 1883, in-8°).
Extrait du *Bulletin* de la Société archéologique et historique de la Charente, 1882.

FIN.

www.ingramcontent.com/pod-product-compliance
Ingram Content Group UK Ltd.
Pitfield, Milton Keynes, MK11 3LW, UK
UKHW021041220726
13924UKWH00001B/467

9 782019 960636